AF349898

A Monsieur l'abbé J. Loth,

humble hommage.

Les lignes qu'on va lire devaient paraître en tête
de la *Semaine religieuse*, le samedi 18 octobre 1890,
sous ce titre : A NOS ABONNÉS, *changement de Rédaction*. Nous les reproduisons textuellement.

Celui qui les a signées avait accepté de prendre, à
la rédaction du journal, la très lourde succession de
M. l'abbé Loth.

. . . .

Si nous avons fait imprimer à part ces quelques
exemplaires, c'est que nous tenions à ne pas nous
priver tout à fait du plaisir que nous aurions eu à
rendre publiquement hommage à l'un des prêtres les
plus remarquables du Diocèse.

La *Semaine religieuse* a changé de rédaction depuis quelques
semaines. Nous apprenons avec regret à nos lecteurs que M. l'abbé
Loth, surchargé d'occupations, a cru devoir prendre sa retraite,
en dépit des plus vives instances.

On a pu le remarquer : l'article de fond, dans nos cinq ou
six derniers numéros, ne portait point la même marque;
en outre, une signature nouvelle est intervenue, il y a quinze
jours, comme pour interroger l'horizon et s'acclimater. Aujour-
d'hui, c'est chose définitive et agréée par Monseigneur l'Arche-
vêque : un nouveau rédacteur parlera désormais ici à notre public.

Il est juste que le premier acte de ce successeur soit pour rendre hommage à M. l'abbé Loth. Et rien ne lui est plus facile, car rien ne saurait lui être plus à cœur.

Quelle tâche, d'ailleurs, que celle que M. Loth a fournie à la *Semaine religieuse!* et comme l'œuvre parle suffisamment par elle-même! Voilà vingt-cinq ans que notre feuille est fondée, vingt-cinq ans qu'elle prospère, vingt-cinq ans qu'elle doit à son rédacteur principal le meilleur de son succès, par conséquent le meilleur du bien qu'elle a pu produire. Une telle somme de travail a son éloquence, que les phrases les mieux agencées ne parviendraient pas à égaler.

Et rien de moins prévu à l'origine, bien certainement, que le développement pris par l'œuvre aujourd'hui.

Un jeune vicaire des environs de Rouen — c'est M. Loth que nous voulons dire — lit par hasard quelques pages intitulées : *Annales du diocèse de....* Il a un zèle ardent, la connaissance de l'histoire générale, l'amour particulier de sa province, surtout le goût et le don d'écrire; il se dit que ce serait chose excellente de faire pour le Diocèse de Rouen ce qui lui semble si heureusement accompli pour un autre Diocèse. Il médite de l'établir; et tout de suite il fait son plan.

Avant tout, on donnerait à ce recueil un caractère très net de piété. La piété est « le tout de l'homme ». Ceux qui la possèdent accueillent avec faveur tout aliment capable de l'entretenir; ceux qui ne la connaissent pas aiment son doux voisinage et l'influence de ses purs attraits; à personne elle n'est inutile. Elle serait donc la base, le sommet, « le tout » de l'édifice. On ne la verrait pas toujours, mais on la sentirait inévitablement dans l'ensemble, partout insinuée.

En détail, voici ce que l'on ferait :

D'abord, la première page obligée de toute *Semaine religieuse,* le calendrier hebdomadaire, ne consisterait pas en une simple et froide nomenclature : quotidiennement, une pensée sainte, une réflexion profitable, ce que saint François de Sales appelait « un bouquet spirituel » pour la journée, serait offert aux lecteurs : ils parcourraient toujours, pensait-on, liraient souvent, retiendraient peut-être, et assurément remarqueraient plus d'une fois.

Ensuite, un premier article paraîtrait en vedette. Le plus ordinairement il aurait pour but de préparer les âmes chrétiennes aux fêtes liturgiques. Il exposerait aussi, de temps à autre, l'état général de la société contemporaine, au point de vue religieux : il raconterait de beaux exemples pris au passé, quand on ne les rencontrerait pas dans le présent ; il rendrait hommage aux belles vies qui le mériteraient, aux longs dévouements, aux humbles gloires, à tous les services rendus ; il accompagnerait d'un regret dans la mort les ecclésiastiques éminents et les chrétiens d'élite ; il retracerait enfin dans tous leurs détails intéressants, avec le plus de vérité possible et de couleur vivante, les événements exceptionnels de notre vie religieuse diocésaine, qu'on trouverait dignes d'être racontés à la curiosité publique et signalés à l'attention future de nos arrière-neveux.

Quelques pages de chronique locale, nominations, nouvelles, comptes rendus de fêtes particulières — point trop fréquents, car ils fatiguent vite ceux qui sont étrangers aux paroisses dont il y est question ; et pas trop longs non plus, cela va de soi, pour la même cause — ; quelques renseignements rapides sur les diocèses voisins, sur la France religieuse, sur Rome, les missions, le monde catholique : et ce serait fait.

Ce serait fait, car point d'érudition transcendante, point de traités en forme ; surtout, oh ! surtout, point de politique, dans une feuille de ce genre. Des Annales ne sont point un journal, et pas davantage une Revue ; quelque grave qu'on s'y maintienne, on n'a pas à y philosopher beaucoup ; particulièrement on n'a pas à y approuver ceci..., mais on n'a pas non plus à combattre cela.... Se montrer bon catholique, bon Français, bon Normand au besoin, n'est-ce donc pas assez ?

Aussi bien, une *Semaine religieuse* n'est guère qu'un instrument de prosélytisme mis au service du ministère sacerdotal. Le prêtre a là, s'il le veut, tantôt un précurseur, tantôt un auxiliaire, toujours un écho de sa parole. Or, le prêtre, nul ne peut plus l'ignorer, après les enseignements réitérés de Léon XIII, ne doit pas prendre inutilement position au milieu des partis. Il se tient à l'écart. Il cache, s'il en a, ses préférences secrètes, de quelque côté qu'elles se trouvent. Quel malheur, en effet, si elles allaient éloigner de lui telle brebis ombrageuse, longtemps perdue, qui tente de rentrer au bercail ! Et quel malheur encore si elles froissaient telle autre brebis, non moins ombrageuse, qui exige, pour rester sainte et paisible, qu'on ait le respect de ses fidélités ! A d'autres donc le plaisir de jeter leur cri dans les mêlées. Lui, il est prêtre catholique, voilà tout. Il parlera très haut, quand il le faudra, c'est-à-dire à tout instant, de religion, de dévouement, de patriotisme, de vertus civiques et de vertus privées ; il défendra vigoureusement l'Eglise, désignera les ennemis du Christ, attaquera les fausses doctrines ; il éclairera, redressera, affermira les consciences ; il le fera librement, parce que c'est sa mission ; à propos de tout, parce que tout peut recéler un devoir ; en dépit de tout, parce que rien ne doit arrêter son courage ; mais lui, prêtre, qu'il s'inféode jamais à quoi que ce soit de discutable : non, ce lui serait une entrave ! il ne relève que de Dieu !

Voilà, si nous ne nous trompons, le rôle du prêtre dans la société contemporaine, et voilà, à son rang — rang très secondaire évidemment — le rôle d'une *Semaine religieuse*, quand elle a l'ambition d'être l'auxiliaire du prêtre et l'un de ses porte-voix.

Il nous est facile de définir ces choses, aujourd'hui que l'autorité pontificale a tracé avec précision la ligne de conduite à suivre. Il n'en était pas de même voilà un quart de siècle. On était loin alors de reconnaître unanimement que « la religion et la politique, distinctes d'essence et de nature, doivent être aussi conçues et jugées de la sorte (1). » Plusieurs, qui mettaient en toutes choses l'Église au-dessus de tout, n'entendaient pas, cependant, pour alléger sa marche ici-bas, la séparer extérieurement des intimités, très diverses, qu'ils lui avaient choisies. Quoi ! il faudrait quelquefois, pour mieux servir les intérêts éternels, « imposer silence à ses opinions politiques ! » Quoi ! « les défendre seulement sur le terrain qui leur est propre (2) ! » Nous trouvons cela tout naturel, nous, à l'heure présente ; mais alors bon nombre de personnes n'y consentaient guère. On voit, par cela même, que dans ce plan d'un bulletin religieux encore à naître, maints esprits excellents auraient pu rêver une place pour toutes les batailles d'opinion : politiques ou autres. On ne le fit point, et l'on ne peut douter que ce fut sagesse. Il convient d'en féliciter hautement, aujourd'hui, les fondateurs de notre œuvre.

Le plan conçu, restait à l'exécuter.

Un éditeur, le vénérable M. Fleury père, consentit à se charger de la dépense première et de la partie matérielle ; même des pensées à découper, des extraits de journaux et des entrefilets à reproduire.

Et ainsi, sans trop prévoir à quel accueil on était destiné, on commença.

On marcha d'abord à ses risques et périls, heureux de doter bientôt le Diocèse d'un nouvel élément de prédication morale, si l'on réussissait ; seul responsable de l'échec, si c'était un échec qui dût suivre.

Ce fut la sympathie, puis le succès. Mgr de Bonnechose approuva bientôt ; il fit venir à Rouen le jeune vicaire de Pavilly

---

(1) Lettre de Léon XIII aux Évêques d'Espagne.

(2) *Idem.*

pour qu'il pût veiller de plus près à son œuvre ; il la couvrit de son
haut patronage, il en vint à s'intéresser à sa composition pour
ainsi dire heure par heure.

Mais aussi la feuille nouvelle avait à son service une plume
si facile ! ayant toujours l'air de courir la bride sur le cou, natu-
relle, abondante, — *lactea ubertas*, aurait dit Quintilien, — d'ailleurs toujours svelte et dégagée, même dans les plus malaisés
chemins !

Avec cela, le style du rédacteur témoignait d'une vive chaleur
d'âme qui devenait facilement communicative. L'écrivain était
vibrant, comme on dit de nos jours ; il avait la faculté précieuse
de l'enthousiasme : et l'enthousiasme, on peut bien le discuter ;
trouver, à tort ou à raison, qu'il exagère ; lui reprocher « ce
phosphore séduisant qu'il épand sur les objets et dont il les fait
resplendir (1) » par malheur en les déformant quelquefois ; malgré
tout cependant, l'enthousiasme conquiert, il entraîne. Qu'importe,
après cela, si on lui accorde un peu plus que ne le voudrait la
froide histoire ? Qu'importe si le don d'admirer risque d'être en
contradiction, momentanément, avec l'esprit de critique et d'ana-
lyse ? Lorsque, du reste, il faut parler de choses contemporaines
et de personnages vivants, d'actes et de faits encore à peine
achevés, l'esprit de critique est vite pris par bon nombre de personnes pour du dénigrement ; et le dénigrement, avons-nous
appris, n'est point le plaisir des grandes âmes. On ne l'a jamais
connu à la *Semaine religieuse*.

Au contraire, on y a toujours pratiqué ces belles et chrétiennes
choses : le respect de tous et la bienveillance. On y a volontiers
trouvé, partout, — au-dessus de soi, mais encore autour de soi
— l'occasion de louer. A la manière de l'ancienne société française,
qui eût trouvé cela tout naturel, voire même obligatoire, on a su

---

(1) Joubert.

accoler aux plus modestes noms, quand il a fallu les produire, l'épithète gracieuse qui est comme le sourire de bon accueil accordé par les honnêtes gens aux autres honnêtes gens qui leur font visite. Et vraiment, il ne faudrait pas savoir ce que la pratique d'un art si délicat exige de souplesse, de désintéressement, de douceur d'àme, de cordialité spontanée, pour y voir autre chose qu'un reste du vieil et noble esprit français, mieux que cela : une manifestation de mœurs chrétiennes, et, comme eût dit Joubert, « la fine fleur de la charité. »

Faire ainsi vingt-cinq années, sans causer un froissement, sans s'abandonner à une fausse attitude, cela suppose un talent rare, nous osons le dire.

Nous savons bien, toutefois, que ce seul talent, s'il eût suffi pour gagner des lecteurs, eût été impuissant à les retenir. Il fallait quelque chose de plus, qui ne manqua pas. Ce surcroît — qu'on nous pardonne, nous voulons dire : ce fondement essentiel — on le trouve dans de belles séries d'articles, qui, recueillis en volumes, sont devenus depuis ces intéressants et distingués ouvrages : les *Fleurs de la première Communion*, historiettes pieuses, narrées avec une onction toute fénélonienne ; l'*Histoire de la Cathédrale*, une monographie compacte et minutieuse, comme toutes celles qu'on sait entreprendre aujourd'hui ; les *Conventionnels de la Seine-Inférieure*, une suite de portraits vivants, gouaches rapidement enlevées ou gravures au trait, qui attirent curieusement le regard et le fixent ; enfin, cinquante *études* d'espèce différente : histoire, morale, piété, littérature, assez pour remplir plusieurs gros in-octavo de « mélanges », si on tentait jamais d'en composer des livres.

Nous mettrons à part les articles nécrologiques. Rien de plus difficile que ce genre. Il est l'oraison funèbre en raccourci ; l'oraison funèbre dont Bossuet a dit : « Ce sont là de ces discours où l'on ne parle qu'en tremblant, où il faut plutôt passer avec

adresse que s'arrêter avec assurance. » Le cœur seul s'en tire à
merveille, quand il a pour servant l'art de bien penser et de bien
dire. On aime jusqu'à ses exagérations, pour peu qu'il soit sincère.
Et il faut adjoindre au cœur si peu de chose pour qu'il devienne
immédiatement le goût qui devine, le tact qui prévoit, le savoir-
faire qui prend et laisse ! Mieux avisé du reste que la froideur ou
l'insensibilité, il atteint au vrai, le plus souvent, par son émotion
même. Or, ouvrez la collection de la *Semaine religieuse*, vous
trouverez, aujourd'hui encore, après des lustres écoulés, qu'il
était impossible de saluer avec plus de convenance telle dépouille
mortelle dont vous gardez le souvenir, ni de mettre dans son
salut plus de gravité touchante. Nous citerons seulement, pour
exemple, les pages sur Mgr Besson et Mgr Bougaud, si justes de
ton et de pensée ; puis quelques lignes prises au hasard — il en
est bien d'autres — sur un jeune prêtre, mort il y a peu d'années,
aumônier des Carmélites ; lignes évidemment écrites d'un jet de
plume, sous le sentiment encore chaud de la fragilité des choses
humaines, et d'autant plus exactes par cela même.

Avons-nous tout dit ? Non certes, au gré de notre désir. Mais
cet article est bien long déjà, et nous devons couper court, sous
peine d'être interminable. Résumons :

Pendant un quart de siècle — à la *Semaine religieuse* —
M. l'abbé Loth a eu le don, extrêmement rare, suivant saint
Paul, de « parler à chacun dans sa langue » ; sachant toujours
« ce qui convenait, ce qui ne convenait pas, » selon le temps,
l'impression, l'état d'âme, le besoin. Il a intéressé, instruit,
charmé. On s'est senti consolé en le lisant ; on a profité à son
commerce ; et de sa conversation écrite, on est sorti meilleur.

Nous croyons être l'interprète du sentiment général en l'en
remerciant. Il fut jusqu'ici l'âme de la *Semaine religieuse*. Que
feront le corps et l'âme séparés l'un de l'autre ? Fasse
Dieu que M. l'abbé Loth puisse écrire pour nous très souvent

encore! Puisse le mal de « l'article à faire » le prendre bien des fois — c'est un souhait qui ne peut déplaire à un écrivain — et aussi la nostalgie des presses, de la copie fraîche d'encre à revoir, des noirs caractères où s'incarne douloureusement l'idée! Puisse surtout l'affection de ses anciens lecteurs le mettre en peine et le solliciter! Il peut être sûr de retrouver ici, toujours vivante, leur sympathie fidèle.

L'abbé Prudent.

Rouen. — Imp. MEGARD et Cᵉ, rue Saint-Hilaire, 136.